AF340483

LA VÉRITÉ

A

MES CALOMNIATEURS

LA VÉRITÉ

A

MES CALOMNIATEURS

PAR

LE PRINCE NAPOLÉON

PARIS

E. DENTU, LIBRAIRE-ÉDITEUR

PALAIS-ROYAL, 17-19, GALERIE D'ORLÉANS

1871

Tous droits réservés.

IMPRIMERIE BALITOUT, QUESTROY ET Ce

Rue Baillif, 7, et rue de Valois, 18.

LA VÉRITÉ

à

MES CALOMNIATEURS

Août 1871.

En réponse à une lettre publique que je lui ai adressée en mai 1871, M. Jules Favre, ministre des affaires étrangères, a prononcé à la tribune les paroles suivantes :

Est-il vrai, oui ou non, que, parmi ceux qui ont eu le triste courage de provoquer la déclaration de guerre, il en est quelques-uns, et des plus considérables, qui se sont empressés de quitter le territoire et de fuir devant l'ennemi ? J'ai le droit de dire que les attaques de ces hommes ne sauraient nous atteindre ; que nous avons le droit de les mépriser, et que quiconque veut parler des affaires de son pays doit, avant tout, n'avoir pas dans son passé le souvenir d'un général qui a tourné le dos aux Prussiens.

Et continuant plus loin.

Tout à l'heure, j'ai dit, sans nommer la personne à laquelle je faisais allusion, et je crois que l'Assemblée m'en saura gré, mais je pensais l'avoir suffisamment indiquée, que je ne répondais pas à des attaques qui étaient dirigées contre moi par une personne qui avait l'honneur de porter l'uniforme de général français, et qui cependant avait tourné le dos au moment où l'ennemi envahissait le territoire. — Un interrupteur. Le prince Napoléon !

(Séance de l'Assemblée nationale du 17 juin 1871.

Je dédaignai d'abord ces attaques. Une mûre réflexion m'amène à croire que je n'ai pas le droit de me taire et que, s'il est permis de garder le silence devant des jugements généraux et des appréciations politiques, il faut opposer à une allégation précise une réfutation précise. Quel que soit le dégoût que j'éprouve, je le surmonte par devoir envers mon nom et envers ma cause.

Si je voulais imiter le rhéteur de l'insurrection du 4 septembre dans ses récriminations personnelles, je pourrais écrire de cruelles pages. Non, je ne le ferai pas ; je ne le ferai pas par respect pour moi-même, parce qu'il est des armes de polémique qui abaissent celui qui s'en sert.

J'ai accusé M. Jules Favre d'avoir usurpé le pouvoir non pour sauver la patrie en danger, mais pour satisfaire ses rancunes de parti; d'avoir sacrifié la France à la République; d'avoir, par sa conduite incapable, favorisé les Prussiens et amené le triomphe de la Commune, et cela, par haine de l'Empire et par terreur d'un appel direct et loyal au peuple. Si M. Jules Favre eût été un homme politique sérieux il eût essayé de répondre ; ne pouvant se disculper, il a voulu, en avocat retors, détourner de lui ces accusations en m'attaquant dans mon honneur.

J'ai à répondre au calomniateur : je le fais sans phrases me bornant à citer des faits et des documents officiels.

J'ai été accusé :

1° D'avoir provoqué la guerre.

2° D'avoir évité l'ennemi.

Voici les faits sur ma participation à la déclaration de guerre. Au mois de juin 1870, projetant un voyage pour m'instruire et apprendre à connaître l'Europe, mieux je crois qu'au milieu de nos agitations stériles et des intrigues politiques, je demandai à l'Empereur l'autorisation de partir. Mon cousin voulut bien me l'accorder, et je me mis en route avec quelques amis, sans le moindre soupçon des complications prochaines. La première nouvelle me fut apportée par une dépêche reçue le 8 juillet, à Bergen (Norwége), et qui porte :

Situation très-tendue quant à l'incident prusso-espagnol, mais rien de nouveau encore. Vu ce matin M. E. Ollivier qui prie V. A. I. de se tenir à portée du télégraphe et enverra dépêche au besoin.

Le 13 juillet 1870, je recevais à Tromsoë (Norwége) le télégramme suivant :

Complications écartées. Le prince de Prusse retire sa candidature. Aujourd'hui sera fait communication aux Chambres. Enverrai détails.

Le 15 juillet :

Hier soir et cette nuit ont eu lieu des manifestations demandant la guerre. La majorité dans les Chambres est à la guerre, mais elle hésitera à prendre ce parti extrême. Le ministère est très-hésitant. Aujourd'hui, il y aura des interpellations, je télégraphierai. De grands préparatifs de guerre se poursuivent.

Enfin, le 15 juillet, au soir, en revenant d'un campement lapon, je recevais la dépêche suivante :

L'Empereur vous prie de revenir le plus promptement possible. — Guerre inévitable. — Répondre de suite par le télégraphe.

Je partis immédiatement et arrivai à Paris le 21, après avoir, afin de hâter mon retour, quitté mon bateau à vapeur pour prendre le chemin de fer au nord de l'Ecosse.

Ainsi donc, je pars le 2 juillet ; les premières nouvelles des complications m'arrivent le 8 ; le 13, tout semble arrangé ; le 15, au contraire, la guerre est certaine et je reçois l'ordre de revenir. La déclaration de guerre a lieu le 19 et j'arrive à Paris le 21. Ces dates, ces faits, sont plus éloquents que tous les raisonnements.

J'ai évité l'ennemi par ma mission en Italie.

Dès mon retour, je vois l'Empereur et lui demande un rôle actif dans la guerre. L'Empereur veut me donner le commandement d'un corps de débarquement qui doit agir en Danemark et sur les côtes nord de la Prusse. J'accepte avec empressement et je ne manifeste qu'un désir, celui d'être secondé par des hommes capables, désignés par l'opinion publique et qui aient ma confiance. Deux conseils militaires se réunissent, des études préliminaires sont faites avec activité, et le 23 juillet je soumets l'organisation suivante à Sa Majesté.

PROJET D'ORGANISATION D'UNE EXPÉDITION CONTRE LES CÔTES
DE PRUSSE EFFECTUÉE
PAR LES FORCES COMBINÉES DE TERRE ET DE MER.

LE PRINCE NAPOLÉON. — Commandant général des forces de terre et de mer françaises et éventuellement des forces danoises si les relations internationales le permettent.

Le commandant général ne recevra d'ordres, en ce qui concerne les opérations maritimes et militaires que de l'Empereur ou de état-major général de l'armée.

Le Vice-amiral de la Roncière le Nourry. — Chef d'état-major pour les forces de mer françaises et danoises.

Le général de brigade Schmith. — Chef d'état-major pour les forces de terre françaises et danoises.

Le général Trochu. — Commandant les troupes de terre françaises.

Le Vice-amiral Bouet-Willaumez. — Commandant l'escadre du Nord, sous les ordres du commandant général; ne correspondant qu'avec lui seul.

Les chefs proposés par moi acceptent les commandements et toute l'organisation est faite dans mon cabinet, d'accord avec eux. Des difficultés soulevées par l'amiral Rigault de Genouilly, ministre de la marine, arrêtent le projet soumis par moi à l'Empereur. Ce ministre ne veut pas me confier le commandement supérieur de la flotte. L'Empereur agissant très-constitutionnellement, quoiqu'il eût le droit de confier des commandements sans l'avis de ses ministres, consulte son conseil et m'écrit la lettre ci-après :

Palais de Saint-Cloud, le 25 juillet 1870.

Mon cher cousin, nous avons parlé en conseil des ministres de ce qui te regarde, voici ce que a été décidé :

Le prince Napoléon commandera en chef les troupes de débarquement et les troupes alliées du Danemark, si le roi y consent.

La marine sera indépendante sous les ordres de l'amiral Bouët-Willaumez, lequel, cependant aura l'ordre de s'entendre avec le Prince pour suivre les opérations.

D'ici là tu pourras venir avec moi. Je compte partir mercredi ou jeudi.

Crois à mon amitié,

NAPOLÉON.

Cette décision de l'Empereur en conseil modifiait considérablement les éléments de succès de l'expédition ; elle pouvait créer des tiraillements dans le commandement.

Aucune préoccupation personnelle ne me guidait. J'étais dans de bonnes relations avec le vice-amiral Bouët ; mais je prévoyais des difficultés, partant de ce principe qu'à la guerre un commandement, même médiocre, vaut mieux qu'un commandement partagé et par cela même indécis.

J'avais des idées sur l'utilisation des navires de transport, des chaloupes canonnières, des batteries flottantes pour obtenir une action combinée des forces de terre et de mer sur ces côtes de l'Allemagne du Nord qui sont très-basses, où les villes sont loin dans l'intérieur des terres, et je comptais fort peu sur la coopération de la flotte militaire proprement dite, composée de cuirassés ou navires à grand tirant d'eau. Ces navires ne pouvaient être d'aucune utilité comme moyen d'attaque et ne devaient servir qu'à convoyer et couvrir le corps de débarquement sur ses transports, ainsi que les chaloupes canonnières et les batteries flottantes. M. le ministre de la marine pensait autrement et, insistant très-vivement auprès de ses collègues, fit modifier mon projet.

La majorité des ministres influencés par l'amiral Rigault de Genouilly vota contre mes propositions et notamment M. le ministre des finances avec une grande vivacité.

Le temps pressait, la décision de l'Empereur et de son conseil était formelle, il ne me restait plus que l'alternative ou de refuser le commandement que l'on m'offrait, ou de l'accepter tronqué. Après quelques hésitations de ma part et de celle des officiers qui devaient partir avec moi, j'acceptai le commandement tel que l'Empereur le formulait. Mais prévoyant les lenteurs d'exécution, les entraves que les préparatifs subiraient, une fois surtout l'Empereur parti, connaissant de longue date les errements de notre administration, je me permis d'insister vivement auprès de l'Empereur pour partir avec lui, laissant la surveillance des préparatifs à M. le général Trochu et à M. le vice-amiral de la Roncière, et ne voulant à aucun prix rester à Paris quand l'Empereur serait à l'armée. Dans le but de couvrir ma responsabilité j'envoyai le jour même, 25 juillet, la note suivante à S. M. l'Empereur.

NOTE

D'après les décisions que l'Empereur m'a fait connaître, il résulte :

1° Que le prince Napoléon part avec l'Empereur ;

2° Que l'amiral Bouët commande en chef toutes les escadres et qu'il devra s'entendre avec le prince Napoléon ;

3° Que le commandement des troupes de terre françaises et danoises appartient au Prince, ainsi que la direction diplomatique.

Il reste à recevoir les ordres de l'Empereur :

1° Sur la conduite à tenir vis-à-vis du Danemark ;

2° Sur les opérations militaires ;

3° Sur la personne chargée de pousser activement à Paris les préparatifs pendant l'absence de l'Empereur et du prince Napoléon ;

Il est indispensable d'avoir une action très énergique et très active pour surmonter les obstacles de toute nature provenant de l'intervention simultanée de deux ministères, sans chef qui puisse trancher les questions.

4° Le général Trochu, consulté, pense, ainsi que le Prince, que la bonne constitution du corps du débarquement est une condition absolument indispensable.

Tout en acceptant l'infanter'e de marine (9,000 hommes), il faudrait la constituer en division et lui donner un solide état-major. Il faut, en outre, une division compacte de l'armée de terre ; il est impossible de la composer avec des quatrièmes bataillons. On demanderait ou celle de Paris ou celle de Soissons. Il faudrait enfin une troisième division, composée, non de quatrièmes bataillons, mais de quatre régiments tout prêts et encore disponibles dans le Midi.

Si l'Empereur veut ce qui lui est proposé, il conviendrait de réunir un conseil au plus tôt pour donner les ordres les plus positifs aux deux ministères, et désigner la personne chargée de suivre cette organisation, en lui donnant les pouvoirs les plus complets. Il faudrait naturellement que ce fût fait avant le départ de l'Empereur et du prince Napoléon.

Ne me bornant pas à la remise de cette note, j'écrivis le même jour, deux heures après, la lettre suivante :

Palais-Royal, le 25 juillet 1870.

Sire,

Je vous remercie de l'autorisation que vous voulez bien me donner de vous accompagner au grand quartier-général, et d'être auprès de Votre Majesté, ainsi que je vous l'ai demandé. Je serai prêt. Je vous prie seulement de me faire donner un ordre officiel pour les officiers qui m'accompagnent, et dont la position doit être régulière. Je compte emmener mes deux aides de camp, deux officiers d'ordonnance, et le médecin de la marine militaire qui m'est attaché depuis de longues années.

Quant à l'expédition projetée, il faut dans les circonstances actuelles que les hommes sachent s'effacer au profit des succès à obtenir. Certes, sans me dissimuler les grandes difficultés de l'expédition, la responsabilité qui pèsera sur celui qui la conduira, j'avais accepté avec orgueil et bonheur ce commandement pour servir activement vous et la France. La mauvaise volonté du ministre de la marine, l'hostilité de quelques ministres, rendent ce commandement encore plus difficile pour moi. Dans l'intérêt du succès, permettez-moi de vous supplier de l'organiser avec une forte unité de commandement. Sans cela il arrivera :

1º Que les préparatifs seront lents et mal faits ;

2º Que l'expédition n'aura pas de résultats appréciables ;

3º Que la marine française se montrera aussi impuissante dans cette guerre que dans les précédentes, qu'elle n'acquerra que peu de gloire et ne fera rien de sérieux.

Je vous exprime mon opinion pour répondre à la confiance que vous m'avez témoignée en m'offrant ce commandement, et non par esprit de critique.

Quant à ma position auprès de vous, permettez-moi d'espérer qu'elle ne vous gênera pas. Je saurai me renfermer dans une réserve complète.

Veuillez agréer, Sire, etc.

NAPOLÉON (JÉROME).

J'étais commandant nominal d'une expédition qui ne se faisait pas encore, et, provisoirement, j'accompagnais l'Empereur. Voilà ma situation.

Ce que j'avais prévu se réalisa exactement. — Les préparatifs furent lents ; les désastres arrivèrent si rapidement, huit jours après notre arrivée à l'armée, que l'expédition ne se fit pas, malgré les efforts du général Trochu pour hâter la réunion des troupes, et ceux du vice-amiral de la Roncière le Nourry, qui vint dans l'intervalle retrouver l'Empereur à Metz, et lui faire part des difficultés qu'il rencontrait.

Le 28 juillet, je pars avec l'Empereur pour Metz, et ma situation est réglée par l'ordre suivant :

Par ordre de l'Empereur, S. A. I. le prince Napoléon, général de division, est attaché au quartier-général impérial de l'armée du Rhin, à dater du 28 juillet 1870. Le prince emmène sa maison militaire.

Paris, le 2 août 1870.

Le ministre de la guerre par intérim,
Général DEJEAN.

Je ne rappelle pas les événements du 28 juillet au 19 août, dont j'ai suivi toutes les péripéties. Je me suis borné tristement, simplement et silencieusement, à rester auprès de S. M. l'Empereur. Dans la matinée du 19 août, à Châlons, l'Empereur entre dans ma baraque et me dit :

« Les affaires vont mal. Tu ne m'es d'aucune utilité auprès
» de moi ; une seule chance, peu probable, mais cependant
» possible, serait décisive, c'est que l'Italie, se prononçant
» pour la France, déclare la guerre et tâche d'entraîner
» l'Autriche. Personne n'est mieux indiqué que toi pour
» cette mission près de ton beau-père et de l'Italie. Il faut
» que tu partes de suite pour Florence. J'écris au roi, voici
» ma lettre. »

Mon premier mouvement fut l'étonnement ; je résistai d'abord, mon désir ardent était de partager jusqu'au bout le sort de nos soldats. Je fis observer qu'il me paraissait peu probable d'obtenir la coopération active-immédiate de l'Italie et encore moins celle de l'Autriche ; que, personnellement, sans responsabilité directe dans les événements, mon vœu était de rester à l'armée auprès de l'Empereur. Sa Majesté insista, faisant surtout valoir mon inutilité auprès d'Elle, devenue plus complète encore depuis que l'Empereur n'exerçait plus le commandement en chef. Mon cousin fit un appel à mon dévouement, disant que je n'avais ni le devoir vis-à-vis de moi-même, ni le droit vis-à-vis de lui et du pays de refuser de rendre un service, et il ajouta : « Du reste, tu ne » me quittes que pour quelques jours ; si ta mission ne » réussit pas, tu me rejoindras. Les projets de Mac-Mahon » sont bien arrêtés ; l'armée se retire sur Paris par les places » du Nord. C'est sous Paris que nous livrerons probable- » ment une bataille décisive et, d'ici là, tu seras de retour. » Malgré tout mon profond respect pour l'Empereur, je lui fis observer que, ne commandant plus l'armée, mon chef militaire était M. le maréchal de Mac-Mahon, et qu'il me fallait un ordre de lui. « Qu'à cela ne tienne, répondit l'Empereur, tu vas l'avoir. » Voici les ordres que je reçus :

S. A. I. le prince Napoléon, étant chargé par l'Empereur d'une mission en Italie, toutes les autorités sont requises de lui donner aide et assistance si le besoin s'en faisait sentir.

Donné au quartier impérial du camp de Châlons, le 19 août 1870.

NAPOLÉON.

S. A. I. le prince Napoléon est chargé par l'Empereur d'une mission spéciale.

Toutes les autorités civiles et militaires sont invitées à lui en faciliter l'accomplissement en mettant à sa disposition tous les moyens dont il pourrait avoir besoin.

Au quartier-général du camp de Châlons, le 19 août 1870.

Le maréchal commandant en chef,

MARÉCHAL DE MAC-MAHON.

Ne voulant exposer que ma conduite personnelle, je ne dirai rien des ordres et instructions que je reçus de l'Empereur pour le Roi d'Italie. Chacun comprendra cette réserve.

Je partis le 19 à midi pour l'Italie, en passant par Lagny et Meaux, avec ordre de ne pas aller à Paris. Je constate que mon départ avait lieu à la suite de l'assurance et de la croyance que l'Empereur avec l'armée se retirait sur Paris, où je le rejoindrais, qu'il avait lieu sur l'ordre formel de mon souverain Napoléon III et du général de l'armée, le maréchal de Mac-Mahon.

Le 21, j'arrivai à Florence chez mon beau-père, le Roi Victor-Emmanuel. Je le répète, je ne puis m'expliquer sur les diverses phases de ma mission, sur ses difficultés et ses longueurs. En effet, il n'était pas facile d'entraîner en vingt-quatre heures l'Italie contre la Prusse victorieuse, car la négociation ne dépendait pas de Florence seulement, mais bien encore de Vienne.

La dépêche suivante de M. le baron de Malaret, ministre de France à Florence, répond à l'insinuation que l'on a faite que le ministère à Paris ignorait et blâmait ma mission. Le ministre de France m'écrit le 21 août :

> Monseigneur,
>
> Conformément au désir que vous m'avez exprimé ce matin, j'ai prié le ministre des affaires étrangères de l'Empereur de me mettre en mesure de renseigner exactement Votre Altesse Impériale sur la situation politique et militaire. Je trouve en rentrant chez moi le télégramme suivant du prince de La Tour d'Auvergne :
> » Dites au prince Napoléon que la situation militaire est assez grave et que nous sommes toujours sans nouvelles du maréchal Bazaine. »
> Veuillez agréer, etc.   MALARET.

Pendant que je faisais des efforts sur l'Italie et indirectement sur l'Autriche, je voulais être renseigné non-seulement sur la situation de l'armée, mais aussi sur celle de Paris. On sait l'influence qu'y exerçait alors le général Trochu, gouverneur militaire; cela me décida à lui envoyer la note suivante :

> Je suis envoyé ici par l'Empereur et le maréchal Mac-Mahon pour décider l'Italie et l'Autriche à faire la guerre... Mon opinion est que l'Italie pourrait donner 50,000 hommes dans huit jours, portés à 100,000 dans quinze jours et à 150,000 dans un mois. Je suis sans nouvelles précises et je m'adresse à vous qui avez mon amitié et ma confiance. Dites-moi quelle est notre situation militaire et donnez-moi votre avis sur la direction des soldats italiens si je pouvais les obtenir. Faut-il les diriger par le mont Cenis sur Belfort ou par les Alpes sur Munich; dans ce cas, la permission de l'Autriche est nécessaire puisqu'on passe sur son territoire... ... Réponse urgente; prière de garder le secret sur ma note.
>   NAPOLÉON (JÉRÔME).

Le général Trochu me répondait le 25 août. :

> Nouvelles améliorées, le maréchal Mac-Mahon s'étant rencontré et Bazaine étant ravitaillé, mais grande incertitude au sujet des combinaisons et opérations ; on les tient secrètes, s'il y en a.
> Il faudrait concentration sur Lyon, et de là, par marche perpendiculaire, menacer le flanc gauche de l'invasion dans la direction de Belfort ou de Langres.
> Des éclaireurs ennemis paraissent à Châlons et à Troyes. La défense de Paris marche bien. Respectueux dévouement.
>   GÉNÉRAL TROCHU.

Le 27 août apprenant par les n   mbreuses dépêches que je recevais que l'Empereur et l'armé e marchaient sur le Chesne-Populeux, ce qui les détournait de la direction de Paris, je voulais mettre fin à mon séjour à Florence, et rejoindre l'ennemi. Sans divulguer les détails de ma négociation, qui ne m'appartiennent pas, je transcris la dépêche télégraphique suivante, qui n'a trait qu'à ma position personnelle et prouve ma volonté de partir :

A Sa Majesté l'Empereur,

au quartier impérial,

Florence, 27 août 1870.

Je ne crois pas pouvoir décider l'Italie à la guerre avant de nouveaux événements. Selon vos ordres, j'ai refusé toute discussion sur une intervention diplomatique.

Je n'ai pas de réponse aux deux dernières dépêches écrites à Votre Majesté.

On m'écrit de Paris que l'on attaque ma mission, que l'on interpellera à la Chambre et que le ministère me défendra mal. Dans cette situation, veuillez me donner vos ordres positifs : il n'y en a que trois de possible.

1° Ou de rester ici, suivre la négociation, ce que je ne désire pas ;

2° Ou de vous rejoindre, il me sera difficile de ne pas traverser Paris.

3° Ou de me rendre ma liberté d'action, si vous pensez que je ne puis être utile à rien auprès de vous.

J'attends vos ordres et vous prie de les formuler clairement.

NAPOLÉON (JÉRÔME).

Voici la réponse de l'Empereur :

Au prince Napoléon, à Florence.

Chesne, 27 août 1870.

J'ai reçu tes dépêches. Rien de nouveau ici. Je te prie de rester où tu es pour poursuivre la négociation. J'écrirai à Paris pour qu'on te défende si on t'attaque.

NAPOLÉON.

Je passai les journées des 28, 29 et 30 août dans une inquiétude mortelle et dans cette alternative, ou de quitter Florence malgré l'Empereur ou d'y rester selon ses ordres. D'autres dépêches m'informaient que l'armée en pleine opération se trouverait engagée d'une heure à l'autre et que je ne pourrais arriver qu'après la lutte.

Ce qui m'a décidé dans mon extrême perplexité, c'est la conviction que, dans les circonstances difficiles surtout, la ligne stricte du devoir et de la discipline est la seule à suivre sans préoccupations personnelles. Craignant de contrarier les intentions de l'Empereur en quittant l'Italie, car cette puissance pouvait avoir un rôle prépondérant pour nous dans le cas où le sort des armes ne nous eut pas été fatal ou s'il eut été seulement indécis, j'obéis à l'Empereur.

Les 30, 31 août et 1er septembre m'apportèrent toutes les heures les nouvelles des désastres ; elles me venaient de la Belgique presque instantanément.

Sedan arrive et, à sa suite, l'usurpation du soi-disant gouvernement de la Défense nationale.

Je quitte l'Italie pour la Suisse et, en partant, j'écris à l'Empereur la lettre suivante :

A. S. M. L'EMPEREUR DES FRANÇAIS.

Florence, ce 4 septembre 1870.

Sire,

J'apprends les batailles perdues et votre captivité ! Mon dévouement, mon devoir dictent ma conduite, je demande à vous rejoindre, aujourd'hui surtout que toute défense de la patrie est impossible pour moi après les événements de Paris.

Quelles que soient les conditions qui me seront faites, je m'y soumets d'avance pour être auprès de vous. Le malheur ne peut que resserrer les liens qui m'attachent à vous depuis mon enfance. Je prie Votre Majesté d'accéder à la demande que je lui fais et que j'adresse au roi de Prusse.

Veuillez agréer, sire, l'hommage du profond et respectueux attachement avec lequel je suis,

de Votre Majesté,
le très-dévoué cousin,

NAPOLÉON (JÉRÔME).

Voici la réponse :

AU PRINCE NAPOLÉON

Wilhelmshöhe, le 17 septembre 1870.

Mon cher cousin,

Je suis bien touché de l'offre que tu me fais de partager ma captivité, mais je désire rester seul avec le peu de personnes qui m'ont suivi, et j'ai même prié l'Impératrice de ne point venir me rejoindre.

J'espère que nous nous reverrons un jour, dans des temps plus heureux, en attendant je te renouvelle l'assurance de ma sincère amitié.

NAPOLÉON.

Tout était fini.

Après le triomphe des ennemis, les alliés des Prussiens à l'intérieur renversent notre dynastie sous le prétexte de se mieux défendre. Une foule égarée par le désespoir et l'illusion se laisse conduire par une tourbe odieuse d'intrigants ambitieux qui donnent l'épouvantable exemple de l'anarchie à l'intérieur en présence de l'invasion.

Toutes les ressources que la France avait encore sont gaspillées; la résistance, que l'héroïsme de quelques soldats et de quelques généraux distingués ne réussit pas à rendre efficace, n'a d'autre effet que de généraliser la dévastation et de rendre plus sanglante, plus profonde, la chute de la nation. Notre malheureuse patrie donne le spectacle du degré d'abaissement où peut descendre un grand peuple, quand, en face de l'ennemi, il ne trouve dans ses chefs que l'impuissance, l'envie, les convoitises, les rancunes, la haine et tous les mauvais sentiments déchaînés.

J'aurais quelque doute sur l'accueil réservé à ces explications, quelque décisives qu'elles soient, si je parlais devant une Assemblée qui se fait gloire d'être composée de nos ennemis, et dans laquelle une tirade contre l'Empereur ou sa famille est le sûr moyen d'obtenir les applaudissements des défenseurs du drapeau blanc et des adeptes du drapeau rouge. Mais je m'adresse à tous mes concitoyens, à ce peuple loyal et généreux qui n'a jamais pardonné longtemps à ceux qui ont abandonné ses élus, à ce peuple qui a toujours flétri les traîtres, à ce peuple qu'on n'ose consulter loyalement par un plébiscite parce qu'on sait que les intrigues parlementaires, les calomnies, les combinaisons factices, seraient impuissantes comme elles l'ont été lors des plébiscites de 1800, 1804, 1815, 1848, 1851, 1870. Je m'adresse à ce peuple, qu'on peut égarer, qu'on peut entraîner un jour, mais qui se relèvera, et, jetant un regard sur les débilités séniles qui le dominent, retrouvera dans son cœur le seul nom de ce siècle, qui, malgré les fautes et les malheurs de ceux qui le portent, est à la fois un principe d'autorité et une garantie démocratique.

J'attends avec confiance le jugement de ce peuple.

www.ingramcontent.com/pod-product-compliance
Lightning Source LLC
LaVergne TN
LVHW022255030726
842520LV00009B/2830